Christoph Schmassmann • TränenSpiegel

CHRISTOPH SCHMASSMANN

TränenSpiegel

Fragmente eines Wahnsinns

FRIELING

Bibliografische Information der Deutschen Nationalbibliothek.
Die Deutsche Nationalbibliothek verzeichnet diese Publikation in der Deutschen Nationalbibliografie; detaillierte bibliografische Daten sind im Internet über http://dnb.d-nb.de abrufbar.

Rheinstraße 46, 12161 Berlin
Telefon: 0 30 / 76 69 99-0
www.frieling.de
ISBN (Print): 978-3-8280-3690-1
Auch als E-Book erhältlich!
ISBN (E-Book): 978-3-8280-3691-8
1. Auflage 2022
Bildquelle: Christoph Schmassmann, pixabay

Printed in Germany

FÜR MEINE OMA

„Wenn die Illusion als ebenso wahr wie die Wahrnehmung erscheinen kann, kann die Wahrnehmung ihrerseits sichtbare, unabweisbare Wahrheit der Illusion werden."

(Michel Foucault – Wahnsinn und Gesellschaft)

... oder die Entdeckung des unsichtbaren Schnitts – und der Mächte des Falschen und des Fälschens.

Total irre!

Also im positivsten Sinn
Den ich hier abgewinn
Wie ich so vor mich hin sinnier
Oder spinn wohl mehr an einem Sinn
Als ich wirklich bei ihm bin
Oder er bei mir
Doch irgendwo ist er doch hin
Ach genau
Hier

Tausend Sinne einen Sinn zu spinnen
Zu schreiben um der Stille Stimmen zu finden
Und zum Klingen zu bringen
Im Sinne von spinnen jetzt
Wie Rainald Goetz in Ingeborgs Netz

Welch irrwitzig Irrweg dafür sich herzuleihen
Und sich einen Namen zu besorgen
Denkt er sich wohl an diesem Morgen
Um gleichwohl ihn dann herzuborgen

Der werten Inge über die Klinge zu springen
Und das Irre zu besingen
Klingt nach einem kirren Dinge – kiff dich kinky!
Schau da versinkt sie – tief in deiner Stirn
Ich muss wohl spinnen
– an dem ganzen Zwirn tief in meinem Hirn herinnen
Im besten Sinne von spinnen jetzt
wie eines jeden gesponnen Sinnennetz?

Wirre der Zeichen muss der Irre weichen
Um am Ende doch noch rauszufinden
Um mit gezückten Klingen
Und mit Blut zu unterzeichnen

Doch bevor ich hier den Sinn verliere
Und lauter irre Sinne spinne
[Und dafür einen Preis gewinne]
Lass ich vorerst Reime fliessen
Tief von innen drinnen

Der Tod und das Mädchen

(Für Sarah Kane)

Die Luft
schwanger vom Atem einer pechschwarzen Nacht
Fiel sie
Wie die Sonne blutrot in den Horizont
Von unendlichem Gleichmut erfüllt
in den noch warmen Sand zu ihren Füssen

Ausgebrannt und leer geträumt
Fragte sie nicht nach Trauer
Noch Tränen noch Leid
Ihr war nicht danach – nicht mehr

Und doch
wie sich etwas in ihr aufbäumte
und einen lautlosen Schrei in die Stille schickte

Erschrak sie
geschüttelt von dem bösen Stimmengewirr
in ihrem Kopf

Aber es war nur die Erinnerung an einen verlorenen Traum
Der ihr mehr und mehr entglitt
je stärker sie ihn zu fassen versuchte

Der Geruch nach Dämpfen von Lösungsmitteln
benebelte sie
und vollkommen eingehüllt davon
erstickte sie den letzten Zweifel
mit dem wenigen Vertrauen das sie weiter in sich trug
Und trank den Moment in sich hinein
Gierig und atemlos
Während über ihr das Leben zusammenbrach
tosend und heftig ohne Erbarmen

Und endlich
Nach einer Ewigkeit
wie ihr noch vager Blick in die Ferne geht
Konnte sie aufstehen
Und das Wissen – an dem sie schon beinahe zerbrochen
dass es nun endlich vorbei sein würde
Gab ihr neue Kraft
Und Gnade und Trost

Während nur ein kleiner Schritt weiter das Leben toste
und gegen das Glas in ihr brandete
Schloss sie den Umschlag
und besänftigt damit den tropfenden Moment
Als der herbe Kuss des Todes auf ihren offenen Lippen brennt
Ein letztes Mal die Dämonen die sie besessen
Bevor der Hebel einschnappt
und sie mitnimmt hinüber ins Vergessen eines Nichts
Das mit einem mal mehr oder nicht mehr nur Licht ist

Mond und Schein

(melancholisches Nachtlied)

Fragment der Wöff

Mondenschein
... trüber Film
in Silber getaucht ...

und ich ...
mit einer Ahnung von Wahnsinn ...

Was, wenn dort nicht ist ...?
... doch, wenn nicht ... wo nicht? –

... mit mir allein.

In schwierigen Zeiten ist Schnee sogar schwer ...
... und die Luft hüllt ein in langes Gedenke ...

... denn wir sehen das Grün
in verschiedenen Zeiten als verschiedenes Grün

... doch hinter gebrochenen Schranken
durch erbrochene erloschene Gedanken

schimmert es weiter ...

ein gleissend ewig nichtig Ich
in des Mondes silbern Licht

Klotz

Einakter nach krugaful

Nein
Du Klotz am Bein
Lass ab du Kotzbrocken – lass es sein
Willst du mich mit sowas etwa locken
Du stinkende Socke mit offener Hos in der Hocke
Zockender bockender Trottel
Zottelbär – in deine Koppel zurück da wo du her
Ehe ich den Stift noch zück –
dein Schicksal zu besiegeln gleich mit meiner Schrift
Werf ich dir trocken den geschmissnen Zockel
gleich doppelt an den Kopf zurück
Ich mein – wie verrückt kann man schon sein
Denn jedes Ja meint auch ein Nein

Zieh ich dich am Zopf vor lauter Glück im Kopf verzückt
Rück Stück für Stück nach vorn zurück –
von fern dir gerne weiter nah
Denn jedes Nein meint auch ein Ja

Du saurer Mops – lass aus
hops! los
– ins Klosett mit dir
Klabauters Allerwertester in deinem Irrenhaus
Dir zieh ich noch den Stecker raus
Du Klos im Hals auf den letzten Schluck Bier
Wenn nicht dort – warum plötzlich hier
Denkst du sowas nützt dir?
Du Korsett – das zieht vielleicht bei andern
doch nicht mit mir
Und da bin ich noch nett zu dir
Du boshafter Tripper um den Eichelkranz
Gestolperter Balztanz am Polterabend
Mein schwarzer Schwan –
dich labend an erigiertem Schwanz
Nicht mal mit der Beisszang
Mit Fleiss haste das doch gemacht
Dass ich nich lach
Also leb mit der Konsequenz
Du letzte Sequenz auf der falschen Frequenz
Du potenzielle Gefahr –
viel zu nah dem sich mordenden GeschwisterPaar
im Willen
Schmeiss dir ruhig deine Pillen ein

Und verklär das harte Sein zum Schein da herinnen
Geht letztlich gar nicht – du Spinner!

Lass mal Rapunzels Haar herunter lassen
Geht's trotzdem unter
im allgemeinen Erscheinen der Wunder –
bleib nicht hier bei mir herunten
dafür einfach und gelassen
Auf Lebzeit eure Zornigkeit

Hol' dir ruhig einen runter – auf deinen Kummer
Wird's also doch noch bunter
Selbst die unterste Schublade noch überboten hast du

Guru Guru – denn Blut ist im Schuh

Sing ruhig deine dreckigen Lieder –
so wie damals nie mehr wieder
Zutiefst gehasster Geliebter
Schmutziger Anusstern –
haste nichts, dann kannste mich trotzdem gern
und nie mehr wieder
Mehr als unwürdig unwerter Gebieter
Los – du Möchtegern deiner wuchernden Triebe

Komm mir nicht mit Liebe
Uff! mir geht noch die Luft aus

Mir auch
Oh grausam Leben – das du hier aufbauschst

Jetzt hör mal zu – mein Lieber!
Werter Herr GarNieMehrWieder
Man kann nimmer immer liederliche Lieder singen
Schlimmer noch –
sein Herz zu bieder Schmalz zerspinnen in Zeilen
gerinnen
Dir gar nie mehr dein Schmerz was wimmert –
noch wird deine Terz hier was zum Klingen bringen
bei mir herinnen

Görps
Brmpf schade
Gnade!

Niemals – selbst Marquis de Sade
Du banaler Wal – dreht sich noch im Grabe
Du Qual der Wahl – um isses
Also vergiss es

Dumm gelaufen du gewissenloses Etwas
So trichter ich's dir letztmals
Aus Ende vorbei ist's – du total dichter Dummer
Trigger von des dummen Dichters Kummer

Kein Anschluss unter dieser Nummer

Und jetzt Abmarsch nach Haus
Lös dich nur ruhig auf
Im Rausch und hau's raus
Entschlüpf deiner Haut – Herr Raupe
Der Mond er steht im dreizehnten Hause
Bausch es ruhig auf
Während ich den Schlaf der Gerechtigkeit schnauf
Ich habe damit nichts mehr zu tun

Ich weiss – aber trotzdem weder ein noch aus

Los – lass alte Geschichten ruhen
Es bringt's doch nimmer mehr – so zu tun
Dein Leben mir versprochen in Saus und Braus
Gebrochen den Schwur
Also kreuz mir bitte nie mehr auf

Doch

Nein nimmer –
keinen blassen Schimmer haste doch –
du Loch ohne Boden
Weder unten noch oben
Vermaldedeit lodernder überbordender Hodenbruch
Mit deinen Fisimatenten mich betrogen du
Doch dir schlimmer Finger
Blüht da leider kein Frauenzimmer mehr
Deinem elenden Gewimmer sei Dank
Dein Geist er wohl krank –
irgendwo zuhinterst im Schrank verschlampt
Versunken im Gedankensumpf
Geschoben auf die lange Bank – und plumps

Nicht doch – doch noch

Nein und ja – und zwar zugleich
Wenn „doch“ und „trotzdem“ nimmer reicht
Wenn dort sich keine mehr erweicht – vielleicht ja da mal
Werter Frosch im Teich von damals
Mir schlicht zu banale Banane im Pyjama
Vertrottelt rumtrottender Bock

aus Ende – du Loch!
Durch das ich in die Freiheit kroch
Frau Kerze ohne Docht
Unter deren Joch ich friedvoll noch mich bückte
nimmer mehr oder doch also noch
Weisst es denn du – mit deinem Gelübde

Und jetzt bitte
ich muss wieder
Schnabel ins Gefieder und Ruh
Gurr ich dir deine Schlaflieder
Schnurr ich dir aus geschnürtem Mieder
so wie damals dein Schatz – nimmer wieder widerlicher Biedermann
da könnt ich flennen Mann
Aus nun – Ende also dann
Auf dass ich endlich pennen kann

Triptychon

– für dich letztes Einhorn

von der Zukunft in die Erinnerung geworfen

Miss Verständnis

Verstehen
Sehen, um darin zu vergehen
Ist das dein Geheimnis

Warum nicht bereuen
Um dann erneut sich zu freuen
Ist das nicht das Gleichnis
Als Ausgleich sozusagen

So bleibt zu fragen
Ob treu oder untreu
Uns selbst

Wenn immer nur
Dir oder mir zuliebe
Das kann ich nicht sagen

Triebesspiel

Triebe
Ihr Diebe der Liebe

Leidenschaft
Die erwacht in der Nacht

Feuchtes Feuer
Weckt das Ungeheuer
Meiner Lust

Gesucht und gewährt
Verflucht und begehrt
Geweckt und genährt

Durch deinen Kuss

Wiedersehen

Nach unendlich langer Zeit
Tauchst du auf – von der ich besessen
aus dem Meer des Vergessens
Und stehst tropfend vor mir
Immer noch du
Die ich nicht begehren durfte
Bis zur Unkenntlichkeit du

Ich fühle dich – möchte dich spüren
Mich dir zu spüren geben
Meine Worte um und in dich weben

Kühle Nachtluft
Von deinem Duft erfüllt
Streichelt meine Gesicht
Benebelt und in Schweigen gehüllt
Worte zerfallen in tausend Bedeutungen
Im ewigen Vermissen

Ehe sie über meine Lippen brechen
Die sich nach dir sehnen
Die Leere zwischen uns zu küssen

Aporie der Subversion

Anleitung, um selbst dabei glücklich zu werden
– ein kleiner Lösungsansatz

Also dann wollen wir mal
Erster Satz den ich sage
Was ich mich ernsthaft frage

Ist die Wirklichkeit tatsächlich nur eine Sage
Und die Wahrheit einfach vom HörenSagen entstanden
Ein Telefonspiel mit ungewissem Ausgang

Eine Serie der Missverständnisse
In der Reihung der Verschleierung
Wiederholen wir wie blöd das eine
Und werden doch alle was anderes darunter verstehen
Und meinen trotzdem das Gleiche darin zu sehen

Selten vermessen unter solchen Vorzeichen
An Konsens zu glauben
Und das auch noch als Wissen zu verkaufen

Da steh ich also – kleines Ameiselein
Und bilde mir den Schneehut auf das bissl Bewusstsein ein
Wo fängt die Relativität der Realität an
Sich in ihre Relationen aufzulösen
Denn Kategorien – sie messen immer nur nach ihren
Grössen
Und so die originäre Wirklichkeit
Nach ihrer Massgabe vergewaltigen
Statt sie einfach sich entfalten zu lassen
Versuchen sie das Einmalige im Aufblühen einzufassen
Anstatt es einfach zuzulassen

Pfuideibel
Da könnt ich spucken – und zwar kreuzweise
Was ja auch heissen würde
Die Bürde der Wahrheit
Ist ihr Bündnis mit der Lüge –
Das wenige Sein um den Schein betrügend
Die Erkenntnis des Nichtwissens –
Des verbotenen Apfels Reiz letztlich als Konsequenz
Auch wenn's brennt –
Die Grenzen des Verständnis hierfür sind eng

Gleich null – ihr Zweck verfehlt den Sinn
Schaut man mal ganz genau hin
Als wär Angst der Motor und Dummheit sein Benzin

Anstatt im Nichts die Ewigkeit zu finden
Das reine Sein über das nackte Haben zu behindern
Uns an diesen Körper zu binden
Schon mal eine Frechheit – geht gar nicht
Weil wir alle mehr als das
Und ganz viel weniger nebenbei betrachtet bei Licht
Zu Grossem fähig und zu Demut
Dem Leben gegenüber hier in unserer Obhut
Zu selbstlos Sein und zu Verzicht

Und damit meine ich – den ewigen Anspruch unseres Ichs
Nach Sinn nach Reiz und dem Gewichs
Nach immer mehr – nach mir gehört und dem dort nicht
Nach Konsum im Wahn nach Sein im Rausch
Nach Zwang und Norm in Schall und Rauch
Nicht nur nach dem verkannten Moment
Seiner habhaft zu werden auch
Anstatt in Zaum das Ego zu nehmen
Und endlich frei von Angst zu leben

Wie's jeder auch dahin dreht für sich

Am Ende heisst es mit Akzent auf Licht

Nichts ist ewig – ewig ist da nur das Nichts

Das ist das Ende des Gedichts

Schneeflocke

Kleine Flocke
Weiss und fein
Gefallen aus wolkenlosem Himmel
In meine offene Hand

Kälte
Die mich brannte
Meine Neugierde entflammte

Welches Geheimnis hat dich gemacht?
Was verdankst du deine kühle Schönheit
Aus verdichtetem Eis

Und während mein Atem
Dich ein erstes Mal netzt
Dämmert mir
Dass sich deine Schönheit an mich verliert
Im Moment da du
In meiner Wärme
Geschmolzen warst

Nur mehr
Ein nasser Fleck
Aus feuchtem Feuer

Den ich begierig beleckte

–

kleine Flocke
weisst du, dass manchmal
wenn der Nebel der Erinnerung mich einhüllt
die Stelle auf die du
vor unfassbar langer Zeit
gefallen bist
mich brennt wie Feuer

und wenn dann keine Träne kommen will
um sie zu kühlen
ich hinauslaufe
um im Mondlicht zu baden
und ins Moos gepresst
deinen Namen
mit dem kalten Wind in den Nüstern
zu flüstern

Sitzung mit Freud

*schmauch

Ich liege auf dem Diwan und rauch

Meerschaumpfeife

Hinter mir sitzt Freud als du

Und ich erzähle ihm etwas ganz Bestimmtes über

Tanatos

Raune ihm zu

Über den Zorn der Eltern auf die Angst ihrer Kinder

Vor dem Zorn der Eltern auf ihre Angst

And vice versa!

Dem Zorn der Kinder auf die Angst der Eltern

vor dem Zorn der Kinder auf deren Angst

und so fort an einem Ort

Zu fassen nicht wirklich – doch zu dichten drin möglich

Doch siehe da blitzt das Licht
Im Schatten es trifft sowohl dich als auch mich
Und zu den beiden tritt ein drittes
In meinen Tränen ich wühl
Das Glück und die Liebe als viertes Gefühl

Freud nennt es sinngemäss Eros in meinem Rücken
Lass Bleistift zücken zu füllen die Lücken
*notier
ich da – du hier
Es einmal für einmal nochmal durchzuspielen
Mit einer Brücke in der Lücke
kann es glücken

Das Glück der Kinder in der Liebe der Eltern
zum Glück ihrer Kinder in der Liebe
Und in der Liebe der Eltern zu ihren Kindern
im Glück der Liebe zu ihren Eltern

And vice versa!

In der Liebe der Kinder zum Glück der Eltern
In der Liebe ihrer Kinder zum Glück in der Liebe
und so fort an einem anderen Ort

Eros dichtet sich in Tanatos Gewänder
Geben sie sich schliesslich die Hände

Im Geschwisterkuss
kommen sie zu folgendem Schluss!

Die Liebe zu
Das bist du – der Zorn auf dich
Ein blitzend Ich
Die Angst davor sein Donner er halle
Im Glück am Ende zu einen uns alle

Das Glück in der Angst vor dem Zorn auf die Liebe zu?

Freud wusste es
Die Triebe!

Und du

Fragen

Das Sagen von Fragen

Weiss nicht, wieso ich hier bin
Trotzdem bin ich hier – bin ich dann trotzdem da?

Suche in mir nach Antworten, die ich verantworten kann
Kann ich Fragen verantworten, auf die es keine Antwort gibt?

Fragen
Die nicht nur mir antworten
sondern auch andern eine Antwort geben
auf mein Leben

– seltsamerweise

Muss ich es verantworten
mir oder den andern zuliebe
Und desto weniger Antwort, je stärker ich frage
und wissen will
Im vor Fragen getränkten gemischten Gefühl

Steckt am Ende in der Verantwortung die Antwort
und in dieser das Wort und so fort?
Frag ich so die Antwort vor – die Spur scheint heiss
Der ich noch immer keine Antwort weiss

In der Dunkelheit

Es ist wieder so weit
Dauerstreit und Müdigkeit
im Wechselspiel
von Einseitigkeit
von zu vielem zu viel
der Nichtigkeit
im Auf und Ab
voller Wichtigkeit

sehe ich nichts, was übrigbleibt
nur Übelkeit
vor Überheblichkeit
und da – völlig breit
bin ich endlich bereit
hau einfach ab
in die Dunkelheit
und spinn mir
nen neuen Beginn hier
mit dir
schlanke Unbekannte

Ich spüre Licht
drehe mich
und da seh ich dich
doch leider nicht
in dich hinein
im Schein
des flackernden Seins
in der Dunkelheit

macht auch nichts
angesichts
deiner Äusserlichkeit

So ist man allein
doch meistens zu zwein
in der Dunkelheit

Ich will dich erwischen
doch dazwischen
dein Du mein Ich
und ich sehe nur zu
wie deine Rüstung aus Licht
die dich schützt
und zerbricht

langsam im Schein meiner Augen erlischt
und sich in meine Dunkelheit mischt

und da unglaublich
erkenn ich dich
dieses dein Ich
mein Dich

so gar nicht wie ich
unglaublich
das reizt mich
unendlich

Ich mein zu verstehen
wie du bist
und wie nicht
ohne dein Licht
mein zu sehen
dass du begreifst
was dich treibt
den Moment ergreifst
dass du weisst
warum du bleibst
und weisst

dass du nicht weisst
und verstehst was das heisst
während dein Licht
durch meine Dunkelheit bricht
und Gedanken zerreisst
zu nichts

Schöne Frau aus Eis
das lodert
mich fordert
kaum zu ertragen
während mein Zweifel
was ich verpass
wenn ich's lass
mich lähmt mit Fragen

Doch was ich erfahr
oder mir erspar
find ich so nie raus
also geh ich aus mir raus
über mich hinaus
blase alle Zweifel aus
mache einen Schritt voraus
und antworte darauf

nur dem tropfenden Moment
in dem mein Kuss auf deinen Lippen brennt

Ein Moment
der sich dehnt
sich in Ewigkeit verliert
mich packt und entführt
mich erst nur berührt
und betört
und mich dann plötzlich erdrückt
bis ich fast an ihm erstickt
doch ich möchte ich nicht zurück
aus dem Glück

und so hält er mich gefangen
und ich ihn umklammert
bis ich endlich loslass
all die Liebe
die ich plötzlich verspürt
und er mich wieder aufnimmt
und zu dir führt

Du bist noch da
ich sehe dich ja

doch hast du dich schon wieder gefunden
den Moment schon überwunden
deine Gefühle schon bezwungen
und bist dann weit unten in dir verschwunden

Ganz und gar unfassbar
doch wahr
unantastbar
noch immer hautnah
und doch unerreichbar

und so stehe ich da
wieder an mich gebunden
und schaue mir und den Sekunden
beim Sterben zu

während du
kalt wie Eis
ein blendendes Weiss
entzündest dein Licht
mich verlässt
und vergisst
als ob was ist nicht ist

Doch so einfach
wie du es machst
ist es nicht
oder doch
und ich weiss es nur nicht

Ich könnt mich jetzt belügen
mich betrüben
mich belogen fühlen
doch um was weiss ich nicht
leider nicht
denn wer du bist
weiss ich nicht
immer noch nicht

Und anstatt auf der Suche nach dir
mich zu verlieren
will ich dich lieber probieren
dich liebkosend berühren
dich verführend entführen
um erst dann zu verlieren
was ich eh nie hatt'

und anstatt
dich zu erringen
dich zu etwas zu zwingen
werde ich dich lieber zum Schmelzen bringen
deine gläserne Wand
mit der Berührung meiner Hand
als ein warmer Wind
der dich gesundküsst

bis du wieder bei mir bist
um einfach blind
wie ein Kind
in meiner Liebe auszuruhen
dich darin zu suhlen
dich hineinzuwühlen
um dich wirklich zu spüren

bis du ganz blöd von ihr bist
um dich alles vergisst
mich nicht einmal vermisst
und wachst du dann auf
hab ich mich längst verpisst

in die Dunkelheit
die mir entgegen scheint

Geblendet im Schein
der Äusserlichkeit
ist man zu zwein
halt doch nur allein
in der Dunkelheit

An einem Herbsttag

Als die Luft gestochen scharf war und nah war einem
mit einem Mal des Schicksals stille Schwester – die Zeit
Hebt sich aus dem Gezweig ein kopulierendes Engelspaar
Schalmeien singend mit offenem Haar

Im Winde zusammen den uralten Weisen entgegen
Und ruhig sie heben zu sprechen an:

„Was deiner wird in unserem Tun
Im Licht wird es tanzen im Schatten es ruhn
Wir dich in unserem Liebesrausch in aller Angesichte
Um Vergebung zu bitten bereit
Wie in unserer Ahnen Geschichten wir vor dich tretend
Wir hören raunen dir aus ferner Zeit:

‚Und dass er wie sie,
Seit jenem brennenden Todeskuss
Um des Leidens das Leben liebhaben muss‘

Und in Sorge wir sprechen dir Tapferkeit und Mut zu
Zuzumuten dir das Schlimmste zuerst

Während du fällst wir fallen mit dir in den ewigen Abgrund
Und wissen ja wissen da um unsere Schuld
Am unschuldigsten dir und nur dir ähnlich Quell und Brunn
Dieses Geschlechtes Wunde geschlagen uns in roher
Bitterkeit“

Diese Erde sie geht nimmer zugrunde
Ob mit oder auch ohne uns
Ihr ist es egal
Zieht sie weiter ihre Bahn im Bann der Planeten
Während sie munter weiterreden

„So sind wir hier vorgetreten
dich um Verzeihung zu bitten
im stillen zu beten
Und ewig dir unseren Segen zu geben der Seligkeit
ewig während webendes Leben
Noch eben doch im Zenit es stehend für uns alle zu
überleben
Die Zeit – wir ewig dir verbleiben in Dankbarkeit in
Ewigkeit“

Amen
Flüsterst du ganz still seinen Namen

Kaffeekranz

Warm gebräunt – versprichst du Genüsse
Ungeahntes erweckst du
in dem der dich trinkt
doch ohne dich – meine Süsse
schmecken seine Küsse mir bitter
wenn Raum und Zeit mich von dir trennt

Und in seinem Dampf dein Bild
zur Erinnerung gerinnt
an dein Haar im sanften Wind
Traum und Rausch mich zu dir bringt

so oft sein Kuss auf meinen Lippen brennt
mein Herz sich stets zu dir bekennt
vergess ich kurz wie Zeit verrinnt
auch wenn ich ihn mit anderen trink

Diagnose: Psychose!

und einmal assoziativ gelockert gesprochen

Alle sind gleich
Nur ich bin anders!
Vielmehr
Alle sind anders
Nur ich bin gleich?

Wie jetzt?
Alle sind gleich anders
Und ich bin anders gleich

Gleicher als du zumindest
Anders als du bisher wohl
Du weisst ja ned mal was stimmt schreit mein Hohn
Spinnt total – Das stimmt! Dies mein Lohn

Scheisse noch eins
Ich hör schon wieder Stimmen davon
Wow! Du schon
Du auch – im Ernst
Mensch – was eine Show

Hier bei mir – in dir drinnen?
Voll die geile Stimmung da oben in des Schädels sich
windend Gewimmer herinnen
Da rinnt's ganz schön raus was rein muss
Nadelstich und Strich und Schluss

An Sinn herrscht heute Überschuss

Das gibt heut Abend ne gute Dichtung
Lindert die Lichtung und bläst mir das Licht um

In der Endlichkeit Wiegenlied schon
trunken ich eil mir selbst nun davon

Schmährede

Oh scheusslicher Boshafter des Hinterhalts Botschafter
Mein ungeheuerlicher Giftbecher du
Trink ich dich nun? Ich denk nicht dran

So drängel nicht oh Stängel du von Löwenzahn
Deine Milch mir bitter
Kleiner Glückszwitter
Glücksspielritter – hinter Gitter mit dir

Na dann einmal Dame bitte
Danke
Oh Rosenranke ohne Dorn!
Also gern nochmal von vorn

Herr stürmender Dringling
In meine Eingeweide du gestossen
Boshafter
Mein Heiligstes besudelt mir
Und mit dem Sack ich dudel dir
Geweckt von starkem Fuselbier
Gern den Marsch

Bis hierher – das war's
Plemplemner Schemelducker
Aufmucker! Auszucker! Draufspucker!
Figur aus Zucker
Weg ich dich wisch

Von der Liste dich strich – Zeilensprung
Bis übers Knie im Dung
Rachentöter Strassenköter mit Dackelklöten

Lass ruhig schallen – lass rauchen
Lass dir eine knallen – deinen letzten Atem einhauchen
Kater mit gezogenen Krallen
Fauchen traust dich noch unter deinem Joch
– Du Suchthaufen
Schlitzohrner Fallensteller ins Kellerloch
Hinfort

Erinnere dich
Ich hatte dein Wort – du stiller Ort
Läppischneckischer Urdepp
Und das is noch nett

Herr Urknall im freien Fall
Oh vogelfrei vöglender Schirmherr der Regel ohne
Ausnahme
Schach ohne Dame
König ohne Reich
Froschkönig ohne Teich

Auf dass es mir was tauge nicht
Hinfort aus meinen Augen, Wicht!
Du falsche List
Mein blinder Fleck – du Taugenichts

Medus ich dir's durch Mark und Bein
Dir geh ich nimmer auf den Leim
Mein SchleimBolzen ohne Charme
Bandit ohne Arm
Hölzerner Käfig ohne Boden

Da könnt ich toben
Gemogelt hast doch
Betrogen und gelogen auch noch

Oh Engel – ohne heilig zu sein
Mit Teufelskreis statt Heiligenschein!

Klöppel ohne Glocke

Haupt ohne Locke

Fuss ohne Socke

Mit offener Hos in der Hocke

Trotz allem ich schrei

Mein dickes Ja und meine Nein!

Richtig nicht wichtig!

Ein Dusel
Auf gebrannten Fusel!
In kleinen Dosen

Kleiner Fragenkatalog

(Für Morgenstern und Ringelnatz
Für die Katz und ihr Wusel)

Fragt also das Wiesel:
Mein ein und alles
Mein alles in Einsen und Nullen
Vor Freude mir eben die Tränen kullern

Muse mein
Und werte Gspuse Heulsuse
Herzdame
Frau in Gottesname
Heil- und tugendsam
Du träufelst mir treulosen Balsam

Werte Blamage
Meine harte Bandage in Rage
Klar und klipp ich kipp hinter die Binde

Mein Leben in Scherben
(Nebenbei
Ich krieg n Kinde
Willste Gott werden?)

Göttin mein – werte Zote
Meine persönliche Note
Ich küss die Winde
Und Küsse sterben
(Nebenbei
Willst du sie erben?)

Du ewig Moment
Zwischen meinen Fingern zerrinnst
Zu Flachs du mich spinnst
Dein Wollen ich will

Wertes Sanktnimmerlein
(Nebenbei
Wirst du bei mir sein?)

Mein Käuzchen und Kätzchen
Meine Ladung vors Lätzchen
Mein rotes Käppchen
Zum Wolf ich dich schick!

Du mein Hick im Zickzack
Mein königlich Knicks
Keine Tricks!
Denn ich hab nen Knacks
Und kenn dich – Frau Wachs!
Der Docht er dir Kopfzerbrechen macht
Bevor du erwachst in dämmrigem Licht

(Nebenbei
Heut nur wir zwei?)

Dich trinkend ich wegnick
Geschickt dir nen Brief schick
Und frech dich im Traum zwick
Auch wenn das nich schicklich
(Jetzt echt nich?)

Ich bitt dich
Ich bet dich
Mein Teiglein ich knet dich
Mein Zweiglein ich brech dich
Mein Zicklein ich räch dich
Oh Röslein ich steck dich ins Knopfloch

Oh doch noch?
Mein Dorn
Also doch nich?
Mein Dirn
Was spinnst du mein Hirn?

Das hier
Antwortet der rote Zwirn
Durch das Dickicht
Echt witzig

Bist mir wichtig!
Denn falsch heute richtig
Und Recht morgen nichtig

Oh Süsswasser-Nixe

Dir dicht ich Gedichte

Zu Recht ich jetzt abnick

Und dir nen Knicks schick

Besser als nix – nich?

Kreuzung

Es war an jener Kreuzung
An der ihre Strasse sich mit meiner trifft
In meinen blauen Adern warmes Gift
Deine Tränen um mich
Sie waren ehrlich und nicht vergebens
Wenn auf der Kreuzung des Lebens
Dein Weg auf meinen trifft

Rissig und rau deine Stimme
Im inneren Kampf beinahe erstickt
Während Sekunde für Sekunde bleiern weiter tickt
Sich jäh und doch unendlich langsam
deine Geschichte mit meiner verstrickt

Endlich
Oder schon – ich kann mich nicht entscheiden
Und da stehen wir tropfend wir beide
Auf des Messers Schneide
Den giftigen Dolch in der Scheide
Knick ich ein
Lass meine Dämonen von der Leine

Meine eine erste letzte beste

Herzen geplündert uns bleiben die Reste

Und mit dieser einen ersten Geste

Ich dich an mich zieh

Und du versteinert und kalt wie Eis

Mich in deinen Armen wiegst

Der Dunstkreis sich nur mühsam verkleinert

Bis er schliesslich ganz sich verzieht

Während dein Herzschlag auf meinen trifft

Und da – plötzlich begriff ich endlich

Das bist du

Ja du

Dieser Mensch

Genau diese – keine andere mehr

Müder Wanderer ich endlich angelangt

Und vergass das Gift in meiner anderen Hand

Schaue gebannt wie etwas

– schreiend und bebend – in deinen Augen erglimmt

Und mit einem Mal wieder alles zu stimmen beginnt

Dieser eine Kuss
Er sprach mich frei
Mir endlich das Leben neu erscheint
Während ich nicht mehr kann sondern muss
Mein Schicksal – erste Wahl in meiner eigenen Hand
Mit dem Rücken zur Wand
Im Tränen getränkten Nachtgewand
Schlagen unsere Herzen Brücken
Nur du kannst es sehen –
dich heimlich einnisten in der winzigen Lücke
Die trügende Tücke des Gifts gerät aus dem Lot
Wo dein Licht bestimmt –
deine Glut erglimmt in höchster Not
Die Falter – sie werfen sich in den unfassbaren Tod

Im nahenden Morgenrot die Zeit zerrinnt
Doch bevor noch mein neues Leben
mit deinem Atem auf meiner Zunge beginnt
Rinnt mir das warme Gift
durch die Finger meiner Hände
Dein Gesicht – es spricht zehn Bände
Beidseitig gleichzeitig

Im vollen Ernst – spielt mein toller Sinn verrückt
Während mein Leben zu Scherben zersplittert
Aus der Mitte hervor in eine neue Perspektive gerückt
Bildet sich ein Mosaik aus längst geweinten Tränen
In dir ich meine Rettung wähne

An meine Seele gerührt
Mich im innersten berührt –
bei der Hand genommen und nach Hause geführt

Und ein kühler Hauch von nichts
Der um uns weht
Im Schatten von dem wenigen Licht
Das uns aufgeht – zeitverkehrt
Streichelt dein Gesicht

Was gestern unerreichbar
Unfassbar doch wahr
Für das es heute nicht zu spät

Diptychon

– darin eingeschlossen

meine Teuerste

von Mund zu Munde es eilt die Kunde
das Neue erlegen
den alten Wunden
auch wenn ich nicht fluch
die Ruh in mir ist geschwunden

und an mich gefesselt ans Leben gebunden
ziehe um mich ein nachtschwarzes Tuch
versinke darin – bin heimlich verschwunden

sich drehende Runden
sich dehnende Stunden
hab noch immer gefunden
auch wenn ich nicht such

und liege geschunden
in neuem Geruch
irgendwo Fremdes
zu Besuch

und schlage auf
ein neues Buch
dem Strom der Zeit
entrissen entwunden

und wieder an mich gebunden
spür ich sie heiss
in Liedern besungen
– hinter meine Lider gedrungen –
die bittere Träne
der ich mich schäme
und trotzdem letztlich alles schulde

Treue Freundin in der Not
wenn es dich nicht gäbe
wär ich längst fort

im Schmerz ich dir huldige

von Kummer zerfressen
ohne Vergessen
ganz allein
so könnt ich nicht sein

in meiner Gier
nach dir
vor Schmerz – ich schrei
mein Herz befreit
und doch allein
im ewigen Sein

bis ich mich nach langer Zeit beruhige
vergeben kann und auch entschuldigen

da kommst du

so winzig klein und schliesst sie ein
– mein Arg meine Pein
trägst sie mit dir
heraus aus mir
Stück für Stück
und schenkst mir zurück

meine innere Ruh

im Zeichen meiner geöffneten Wunden
wer austeilen kann – der muss auch erdulden

TrashTalk

Mein trächtig Morphem
Was entlock ich dir denn?
Ich mein heute – werte SilbenBeute
Kommt wohl drauf an wie ich dich deute
Dreh und wende
Denn bedenke
Jeder Anfang kennt auch ein Ende
Wie sehr es sich auch manchmal dehnt

Oh philosophisches Problem
Geschätztes Morphiumpräparat
Mir lieb gewonnener Geschlechtsapparat
Euch will ich dies widmen
Euch drei Zerstrittnen

Also dann lass mal kryptisch werden
Im Sterbenlernen noch das Werden beerben
Unsre Seelen halbwegs ehrend erden
Als wie ein Emblem in Blindenschrift sozusagen zu
entziffern
– Da lass mal erst noch einen kiffen

Gleichermassen im Schatten wie im Lichte daheim
Werter Dichter ohne Feder – noch ein Glas Wein?
– Na dann mal bis früher oder später
Ohne einen einzigen Reim
Dafür mit einer Wagenladung voll Tinte
Ich denk mal der spinnt – ne
Kommt so frisch fragil daher – Rotzlöffel Saubär
Ganz und gar untauglich – also spuck's halt aus
Und trau dich

Silbengrauer Silbergaumen
Silbergrau die Silben maulend
Das wird dir bald den Schlaf noch rauben
Zu was willst du mir denn da noch raunen?
Mit deinem gestohlnen Gaul – du Gauner!
Los – Halt dein faules Maul und halt
Stop noch ein Schritt oder es knallt
Weisste eigentlich was wir hier mit Pferdedieben machen?
Nichts weiter! Du wirst lachen

Also einmal übers Stoppschild und zurück
Und zweimal über Los gezogen
Denn das bringt Glück

Ungelogen – zumindest hier
In diesem Gedicht

So gluckst es uns der schamlose Wicht
In Worten wie an Sinn so licht
Is der eigentlich noch ganz dicht?
Hat so den Anschein – oder auch nicht

Balztanz

Einakter nach krugaful

Sag mal Pflaumenbaum
Meine werte SchokoSchaumkrone
aus einem erwachten Traum
Dir zähl ich gern Schafe
Während ich munter weiterschlafe

Also nimm's nicht persönlich
Aber mich sticht grad der Hafer
Im Einheitsbrei voll Einerlei Gelaber
Oh leerer Zapfhahn
Verfahrene Trambahn aus deinem Schienenbett gehörst du geschmissen
Du wirst es nicht selten noch vermissen müssen

Mein neuster Wurf aufs Maul
Zur Hintertrepp also ich hochstepp
und fehl am Platz ich steh
Schlurf zurück und schlürf Kaffee
Oder war's Tee?
Ach ne

Oh je
Wie weiter?
Wieviele Seiten hast du nun
Frau Würfel
Einen Maulwurfshügel ich dir graben möcht
Ein Monument für den Moment
Jetzt und immer und noch öfter
Frei ich gern des Königs Töchter und dich dazu
Guru guru!
Doch Blut ist im Schuh

Oh schweigsam Herrenzimmer
Was schwelgst du auch immer
In innigster Verbundenheit mit deinem werten
Bauchgenabelsschnur
Sei schlau und vergiss die mal nur
Und mein auch nicht nüchtern
Bei all den ausgegangenen Lichtern
Kakophonisches Gebrabbel dir wispernd
Dummer Schnabel da zischt er:
„Messer ohne Gabel
Tier ohne Fabel
Kain ohne Abel
Nichts ohne Aber“

Ruhe! Fades Gelaber
Wieso? wirst du fragen

Ach halt den Mund
Das is zudem total ungesund
Als wie Salz in der Wunde
Die Gier im Schlunde
Zweier Herrn ohne Hunde
Immer schlimmer pelziger Gefährte
scheckiger Apfelschimmel
Dreckiger! Dir auf der Fährte
Mir den Staub aufwirbelst
den ich jahrelang liess sich setzen
Aber das hast du wohl vergessen
Raubbau ausser Atem
Atlas ohne Karten – Kalender ohne Daten
Ab in den Keller
Ein Cis ich dir träller – wohl temperiert
Während eine Rättin ihr Junges gebiert

Silben lasst mal weiter zwirbeln
Lass das Gewimmer und Gewimmel
werte Blitzlichtgewitterziege im Bockshorn
Dich jag ich einmal um den Mond im Zorn

Werte Diebesbeute
Beutelschneiderlein deck dich
Ach leck mich!
Dann bis morgen
Dir nehm ich's ganz ohne Sorgen
Und leihst du mir was
So kann ich dir borgen
Oh Wein – dich will ich trinken
In Ruhm Ruhe und Rum versinken
Und mir die müden Silben winken
Bleibt mir noch die rote Tinte

Für n Mülleimer dies Geschwätz
Wohl doch besser Tipp-Ex!
Doch alles zu seiner Zeit
Im Frieden wie im Streit
In der Bewegung flugs erstarrt
Doch noch ineinander ganz vernarrt die zwei
Während die Flegeljahre längst vorbei

Streikbrecher oder Schierlingsbecher nun
Alles nur fades Gelaber
Faden verloren
Was Neues geboren

Noch nicht ganz ausgegoren
Zweimal auf wahre Liebe geschworen
Und die Haare am Hintern geschoren

Weg mit euch
Ihr dummes Zeug
Oh Überbleibsel aus vergangenen Zeiten
Sucht endlich das Weite

Und siehe da
Es liegt so unendlich fern ganz nah
Oh mein unleserlich Sonderzeichen
lass mal kurz der Irre weichen

Schwanz ohne Eichel
Ja dich mein ich
Punkt no ned gesprungen
Na das eben auch ned ganz gelungen
Kein Wunder – husten die ungesunden Raucherlungen
Abdampf im Kampfrausch
Ein kleiner Bagatellfall
Wie der Urknall im Übrigen auch

Kichererbsen werben noch
Um die Gunst der Stunde
Doch fürs Erben gehört sich's zu sterben
Letzte Karten – letzte Runde

Verpasste Haltestelle
Ich befinde mich wohl im Kreisverkehr
Wer will das schon?
Keiner wohl eher
Doch davon jetzt für einmal mehr

Sackbahnhof
Wo das Arbeitstier malocht
Der Bär der tanzt
Ab an die frische Luft
Zu den Rosen ohne Duft
Beleidigtes Kamuff
Zugenageltes Kabuff
Lockere Schrauben ohne Muttern
Für die Wahrheit sind wir alles Nutten

Gegerbte Felle gezechte Prellung
Vielleicht mal kurz nen Wechsel der Stellung
Geprellte Zeche denk ich ohne Schwellung

Trittbrettfahrer
In der Wüste Sahara
Sturz aufn Po – mal so mal so
Huschhusch ins Körbchen
Mein stilles Örtchen

Ein falscher Fahrplan
Ein gefälschter Fuffziger
Wär das ein Witz wär's lustiger

Luftiküsse!
Euren Hintern ich küsse
Verfahrene Fernlinienbüsse
Rote Grütze bei kleiner Hitze
Erzähl ich euch Witze
Es reicht!
Sowas von
Auch im Wonnemonat der Mühe keinen Lohn
Raum ohne Fenster
Brabbelnder Ginster!!!
Für dich seh ich finster
Tut mir leid für deinen Dünkel
In seiner vollen Windel

Um am Ende geschwind in des Schwindels
schwindenden
Gewinsels zu verschwinden

Ganz ohne Beute liebe Leute - lass ich mal für heute
Und viel Spass beim Deuten
wenn Glocken einer finsteren Meute
aus Reimen taghell – im Dunkeln euch läuten
und Worte an sich auch nur Unsinn bedeuten

Kleiner Exkurs in Gedankensprüngen

Die Hierarchie ein für alle mal auf den Kopf zu drehen
Vielmehr vielleicht endlich auf die Füsse zu stellen

Ich eröffne mit einem Zitat
Einem Fragment dessen Freund ich bin und bleib
Ganz schön dick aufgetragen
Aber
Lass mal kurz nachhaken und weiter fragen

Was is denn ein solch Fragment genannt Bruchstück
Richtig!
Und falsch wohl auch – zuck ich zurück
Etwas Unfertiges nicht Ganzes
Von der einen Seite betrachtet

Sozusagen von was aus und woher gefragt
Und nicht etwa anders gesagt warum und weshalb
Denn das ist eine andere Geschichte
Die hier als Frage vorerst vertagt

Oder
Ein aus einem Ganzen rausgehauener Teil –
Und ein Teil nämlich der Rezeptionsästhet in mir,
Der die Poststrukturalisten verehrt –
Entscheidet sich aus reinem Instinkt
Für diese Seite der Medaille
Die wir hier JanusKopf und PrimZahl spielen lassen
Worauf zu nämlich und wohin?
*bling

Hm

Wie nun
Wie weiter
Will ich's gescheiter gescheitert belassen
Bei all den krassen Widersprüchen
Nein – warum auch immer
Denn sieh
Am Ende gar ein Hoffnungsschimmer

Da gibt es etwas
Das genauso zu funktionieren pflegt
Es nennt sich produktive Rezeption
Meint der Ästhet

Oder rezeptive Produktion von
Hm – wovon
Von Verstehen in der Kreation vielleicht
Dem Erleben der Welt wohl eher

Nun
Von denkendem Lenken im gelenkten Denken
Und siehe die Zeit
In ihr wandelt sich auch dies
Wie alles
Und nur das am Ende gewiss

Lass noch etwas weiter spinnen
Im gewohnten Denken drinnen
Bissl rumprobieren
Um zum Schluss so hoff ich es zu transzendieren

*brüll
„Von struktureller Gewalt in der Gestaltwerdung
Eines jeden Gedankens!"

Will ich das was ich fühle also beschreiben
Entehre es und kleide in seiner Einmaligkeit
Etwas unfassbar Zauberhaftes beinahe schon Magisches

In ein paar schale Worte
Können sie es denn fassen?
Frage ich

Einmal mehr doch um nichts weniger beharrlich
Stur ich weiter Wörter hier
Und steinig und starr ich
Den TextKörper dir

Da raunt es mir zu – wie von fern
„Sei mal nicht so streng mit Abbildern und der Sprache
Wir haben schliesslich nichts anderes“

Aber warum zum Teufel
Sprechen denn sämtliche Philosophen in einem Medium
Das gänzlich untauglich das Ganze zu fassen
Vom Unfassbaren per se

Warum musizieren sie nicht ihre Philosophie
Wenn der Platz es zu erleben das Herz der ganze Körper
ist
Ich erahne es
Und ich fühle die Erkenntnis

Welch erhaben Moment

Doch Moment!
Nannte es Julia Kristeva nicht auch Chora
Den Unterbau der Sprache
im Anschluss an Derrida

Denn siehe
Eingewoben in alle Sprache lebt das Unsagbare
weiter in ihr – und transzendiert sich
durch Worte hindurch ins Hier.
Das kollektive Unbewusste
Und wenn wir schon dabei sind
Und den Vater des französischen Poststrukturalismus
Bemühen wollen
Jacques Lacan in Anlehnung an Freud
den ich mir heute dusselig deut

Das Imaginäre – das sich in seiner Trias im
Symbolischen
Mit dem Realen überkreuzt sich paart und fruchtbar wird

Objekt klein-a wie er es gedreht hat
Darin findet Verstehen und ja auch das Begehren statt

In der Überkreuzung vom Imaginären
Mit dem nie fassbaren Realen im Körper des
Symbolischen

Einem Textkörper – wenn man so will
in die Trias übergehend vom Binären
Womit wir einmal mehr
Wie damals Kant in seiner Philosophie der Transzendenz
Bei derselben angelangt wären

Was vorausgeht und folgt und übersteigt
in jedem Falle bleibt
Ist das Fühlen und Spüren und Erleben
Eben
Und das bleibt uns auf ewig
Eint uns mit jedem lebenden Wesen
Wir haben es nur vergessen
beim Lesen

Schattenwurf

Holothrope Hologramme –!

To WimHof&StanGrof

TrashTalk

Ich glaub ich hab nen Schatten
Die Flamme wirft tatsächlich einen matten
an die Wand
Ich glaub ich hab nen Platten
Is als wie Zeit im Sand
Sehen kann man sie nich
Da bin ja bloss ich

Und wispernd dir aufgeht
Was knisternd da aufblüht
Geschick im Gebet
Dir doch übern Wind glüht
Da frei i mi aber schecket
Und guck dementsprechend
Ganz schön doof – aus der schmutzigen Wäsche
während ich die Flamme leckend
den Sinn des Ganzen erst endecke

Der Atem also der Schlüssel
Wie zu so vielem – häng dich an den Rüssel

Zieh! Nicht paff
Da bin ich aber ganz schön baff
Wenn's rostig rüsselt wie aus Eimern
Drunter ne Schüssel –!
Das glaubt mir keiner

Da rotzen sie drüber – Is was Geheimes!
Klimperts mit den Schlüsseln
Spreiz die Beine
Stell dich mit dem Gesicht zur Wand
Auf der Reise
Von dem andern Land ins eine

Wenn's gar nimmer geht – weine!
Die Rebstöcke danken's dir – oder auch nicht
Was kümmert's dich letztlich – wer zu dir spricht
Wenn Zeit im Raum auseinanderbricht
Und ich ein gebrochen Versprechen dir dicht

Laufe somit schwankend grade
Dem Meer entgegen
Such mit der Nadel – nach dem Leben

Eben
Im Nebel noch
Fandest du's doch
Nicht?

Atme tief – lass dich bekränzen
Lunte gelegt – nun sprengen wir Grenzen!

Lehrstunde

Freche, schlaue Katze
streichle ich dich
um dich zu fangen
rühr ich nur deinen Argwohn an

Doch ist mein Verlangen
von dir bezaubert
gerichtet ganz auf dich allein
so rollst du dich ruhig bei mir ein

Und zeigst mir spielend
nehmend – gebend
was Zärtlichkeit bedeuten kann

Es war um?

Kleiner Fragenkatalog zur Stunde null

Warum antworten diese Fragen sich selbst?
Wenn – wo beantwortet – sie zu purer Unfassbarkeit
werden
Warum huldigen wir dem Leben mehr als dem Sterben?
Warum schleicht dabei das wahre Werden uns fort?

Warum denn nie hier
sondern immer an einem anderen Ort?
Warum nicht gleich jetzt?
Wenn Zeit uns hetzt und doch drängen tät
Warum dann erst morgen wenn es eh zu spät?

Warum nicht endlich ganz und für alle?
Als alles für wenige
die alles verknallen und doch auch fallen
Hat sich je einer davon freigekauft?
Warum das denn auch? Wenn doch genug für alle
Und das alle schnallen

Warum lachen wir bei den bittertraurigsten Sachen?
Und weinen vor Glück – nur weil alle es machen?
Warum ist immer man selber kein Held?
Warum schämen wir uns lieber fremd als für uns selbst?

Warum rufen wir ja, wenn man nein meint?
Warum nein, wenn es ja heisst?
Warum beides eins wohl und im anderen drin?
Warum scheitert's am Beginn?
An tausend Worten, wenn Handeln gefordert
Warum ist aus dem Ganzen das geworden?

Warum laut anstatt ganz leise?
In der Stille brüllen wir uns heiser
Doch wo es drängt unter Tränen bebt
Niemandes Stimme sich erhebt

Warum die da und nicht wir?
Warum ihm schon und nicht ihr?
Warum suchen wir immer nach Sinn?
Und doch: Keiner kann's sagen
Warum sind wir als einzige Wesen so dumm
Uns das überhaupt zu fragen?

Weil wir es können?

Warum das denn auch?

Da reicht kein Grund aus

Warum es benennen? Wenn alle es kennen

Das Gefühl das sich wühlt – tief drinnen dich rührt

Und du spürst – das läuft was verkehrt

Warum dann hinnehmen – wenn alles sich wehrt?

Und verkehrt das nutzlose Sein

In Schein der langsam alles verzehrt

Und sich dem Sinn auf immer verwehrt

Nur selten er uns am Ende beehrt

als wär nicht das Fragen nach ihm schon zu viel

In Sinnfreiheit und ewig Spiel

Für dich kleines Mondlicht

Prolog

"someone must be sleeping
because all is quiet
is there nothing in the mirror
when you shut the light"
J. F.

Und als er sie an diesem Morgen ansah
Da sah er sich in ihren Augen gespiegelt,
die wiederum sie in seinen Augen spiegelten und so fort
Und als er sich umdrehte, war es ihm,
als hätte er dadurch ganz tief in sein Inneres geblickt
Und mit einem mal wusste, nein spürte er –
was Wahnsinn bedeutet
Und es fühlte in ihm sich etwas so an – als müsse er sterben
Und würde gleichzeitig wieder geboren
Aus dem Schoss der Zeit
Erwachte er an jenem Morgen wie zum ersten Mal

Erster Teil

Wie ich erwach des Nachts
Aus wirren Träumen – die nichts bedeuten
Steh ich da und es krümmt sich zum Zeichen der Frage
Der Ausruf – der erstickt
An der Stille sich bricht
Die einmal mehr besser ist als ihr Ruf

Nicht?
Die kickt doch ganz schön
Wie ich im argen Zweifel argwöhn
Und dich in tausend Gefahren schon wähn

Doch nur dröge liegt im fahlen Licht des Drogenrausches
Der Herrscher der Loge meines Traumes
In tausend tobenden brausenden Toden
(Wie verordnet im übrigen von oben
Weil verboten solch Lose wie meins
Sei's drum – denn alles ist noch immer eins)

Er spricht ganz ruhig von dir und meint wohl mich
Meine Gedanken so doch noch einen Sinn erbeuten

Die Angst um dich so langsam die Nerven verliert
Und im Verenden gleich zwanzig neue gebiert
So war es schon immer – und so auch heute

Und es raunen heimlich Runen an der Wand deinen
Namen
Ich schreib ihn mit noch heissem Blut daneben
Mein Hab und Gut vergebens vergeben –
Vergib mir doch mal eben

So hart is das Leben
Und die Liebe nebenbei

Doch einerlei – Teil zwei von drei

Wie das Leben am allerersten Tag
Ich bebend mich also erhebe
(Zum sterben lege – doch dazu komm ich später)
Zu schreiben dir mit zitternder Hand
Im tränengetränkten Nachtgewand
Und einmal mehr in Angst um dich zu leben
Mein ebenbürtig ewig webend – wertes Leben

Weisst du

Dass manchmal – in diesen Momenten

Wenn der Wahnsinn mir schier den Verstand raubt

Und gerade das Wort DU einen Scheiss taugt

Wenn alles leer und wie nicht scheint

Und dunkel das Meer im Mondlicht verweilt

Du

Ja du

Kleine Elfe

Aus dem Nebel der Erinnerungen steigst

Nach mir greifst und mich mit dir reisst

In die pechschwarze Stille einer unendlichen Zeit

Was soll's also noch?

Nicht so vorschnell – also doch mein Loch ohne Boden

Mein Unten ohne oben

Bis jetzt – mit Fug und Ach

Gerade noch mal gut gegangen

Hat ja auch ganz schön gekracht

Trotz allem nochmals von vorn angefangen

Und die Sonne ist im Westen aufgegangen

(Auch dort im übrigen nix Neues

Und das freut mich)

Während ich dir also hier ein paar Zeilen dicht
Dir meinen ewig Dank ausricht – meine Gedanken verdicht
Und heimlich – dir mein einziges Ich
Meines Sinnes Richtung auf des Waldes Lichtung
Der Lindwurm eine letzte Dichtung spricht
*groar!

Doch dein Retter er naht
Er bannt die Gefahr
Die nebenbei schon vorbei

Aber also zu Teil drei!

Wie Schlangen sie sich schon häuten
Meine Zeilen
Weisse Mäuse und weise Männer sich erbeutend
– Steh ich hier vor Entsetzen noch halb gelähmt
Die Geister die ich rief –
Nur mit Mühe noch gerade so gezähmt

Während dich erbeuten – in meinen Gedanken
Die mordenden Meuten einer Männerschar
Kleine, kluge, böse, schöne – ach so schöne Helena

Ach je ach ja – da bist du ja
Ach weh! Auch wach? – du auch noch da?

Krass!? Nicht
Na wer glaubt denn so was
Na ich jedenfalls nicht
Und denk mich ins Nichts
Das munter weiter von dir spricht
Sein mir gegeben Versprechen auf Frieden es bricht

Mir einmal noch – ein letztes mal doch den Verstand raubt
Während ich da steh im Sandstaub
Und mir denk – oh weh!
Diesen einen legendären Frauenraub ich also
Mit Senkblei und Denkbeil begehen muss
Für einen letzten ersten Kuss

Und steh als Geisel meiner eigenen Ängste
Im allerletzten von tausenden Kämpfen!
Um dich – mein wertes Frauenzimmer

Na dann lass mal den Troyaner zimmern
Vor der Türe leise Stimmen wimmern

Das Pferdelein scharrt mit schmiedeisernen Hufen
Es wiehert
Dass einem vor Schreck noch das Blut gefriert
Dort vor den Mauern – nach dir sie rufen
Ganz vernarrt beharrlich verharrt dein Schweigen
Während Momente langsam und schier zu Ende sich neigen

Auch dir sie lauern – die Würmer in der Erde
Da kann auch eine Herde Troyanischer Pferde nichts machen
Du wirst lachen
Doch auch das wird's mitnichten richten
Davor danach und auch dazwischen
(Die Liste
Derer die ich liebte
Zu lange
Betrachtet bei Lichte
Das mir eben aufgegangen
Und einsam im Dunkel zu leuchten angefangen)

Nicht Hektor und nicht Achilles Ferse
Und schon gar des Homerens Verse nicht

So dicht ich also meine eigenen beleidigten
Und denk mich von dir und mir zu wir
Ach kuck mal –

Noch ein Teil vier

Und während ich da liege
In letzter Kraft den rettenden Strand erreicht
Nass und triefend – du mich rufst
Meine eine, kleine Sirene
In der ich noch immer die Rettung wähne
Der ich mich nach dir sehne
Während der unendliche Raum
Über die endlichen Zeiten sich dehnet
Und du dich umwendend deinen Gruss zum Abschied
Nach mir schickst
Der knapp vorbei an mir den Abschied von dir
Auf die Wange mir nippt

Und wendig es sucht im Dunkel dein Blick
Kleine Meduse
Der ich gern beduselt rufe
Der ich die Suche nach Liebe besudelt

Die dann leider doch keine war
Wie wahr jene auch war
In flammenden Schlangen es steht so dein Haar
Und mit einem mal so fern das Nah

Selbst das Sanktnimmerlein sich schon umblickt
Ob ich nicht doch endlich einknick und wegschick
Meine läppische Vers-Suche dich zu ver-suchen
Mir müde es zunickt und langsam wegnickt
Und ich weitertipp – behände
Dein Schweigen es kennt kein Ende
Und doch spricht es Bände

So ähnlich ganz wie einer deiner Küsse
Doch kommen wir zum Schluss
Und ziehen wir die Schlüsse
Einen Strich wohl mehr
Mehr weiss ich nicht mehr

Doch ja
Auch das kann am Ende eine Ende sein
Und damit lassen wir es also bewenden
Und beenden eine Geschichte
Die so keinen Anfang kennt

Wieso sollt sie auch
Wenn dein Schweigen mit einem mal wie Feuer brennt
In meinem offenen Schlunde
Und die Sekunde munter zur Stunde sich dehnt

Da bin ich schon!
Oder wieder
Und leer und stumm ich so von dir scheide
Die Stirn ich noch biete
Mein blind vor Zorn gezogen Los!
Mein Schicksal – werte Niete
Spür ich deinen Kuss darauf
So wie damals – nie mehr wieder
Da möcht ich zuweilen gern austicken
Und dir mein stolzes Nein hinnicken
Das du mit dir genommen
Als du gingst
Kleiner Punkt – der du nimmer springst!
Kryptisch genug? Werte Sphinx
Na dann Punctum und Schluss neuerdings

Streitgespräch – Mitschnitt

Einakter nach krugaful

Treib keinen Unfug
Das wär unklug
Du Dummer

Doch
Kein Anschluss
Unter dieser Nummer

Lug und Trug
Nimm deinen überflüssigen Schnulli
Los wirf ihn in den Gulli
Gelogen und betrogen und Drogen genommen hast doch
Du Spast
Spacko in deinem schmutzigen Sacko
Los lass ab – los

Von mir aus
Eben gar keine
Du kleine Gemeine
Ich steinige dich

Mach mal ned so ne Terz
Ab auf den Strich – du Wicht
Depperter Stricher streng riechender Wischmop

Keine Chance
Ab ins Bockshorn – in den Dreck mit dem Karren alter
KaiserinnenSchmarren

Schwadronierender Baron zu Grimmelshausen
Was soll das Bär?
Warum so misslaunisch frech unverblümt im Kostüm

Ich dichte
Du nichtige Wichtin
Los lies es – oder lass es
Du miese Quaste
Der ich Taste für Taste was hinquassle

Ich durchschau deine Lüge
Dich betrügend durch offenes HinterTürchen
Das läuft ja alles wie am Schnürchen

Huch *schluck und weg
Echt jetzt
*zwinkerblinzer

Ja kleiner Stinker

Ja und? Frau Schokominze

Jetzt komm is doch witzig
Gar nicht so knifflig
Lach drüber
Dann geht's dir besser du weltvergessener
LuftSchlösserknacker
Alter Racker
HackenStiefel leckender Lackaff

okeoke

Und sag ned okay wenn dir nicht danach
Sondern an was Sach

Dir helf ich gleich aufs Dach
Stadttaube – die mir den Verstand geraubet

setze dich mit Bauer Schach
Raune dir meine Lieder ins Ohr
in doppeltem Wortsinn – mit meiner Zunge sacht
und suche nach Sinn – schon seit du erwacht

Gemach – Schand bleibt Schmach
Danach wie davor setz ich dich mit Links kurz matt
für heute wäre ich dann satt

Frau SchneeWittchen
Dir erklär ich noch das Witzchen
Frau Flocke – geschmolzen in der Hitze

Von Schatz über Spatz zu Spast im Knast
Du türklingelknallender Türklinkenputzer
Aufmuckender purzelnder Zucker im Tank
Du bist doch krank
Am absteigend knackenden Ast du sägst

Allerdings
Kannste mal gucken
Ich habe hier weh

Okay
*schmunzel

Du Brunzrunzel

Schmutziger
Darf man jetzt ned mal mehr schmunzeln

Doch – du Loch
Ohne Boden bemerkt nebenbei – es reicht
Ich verbrenn dich und bade mich in deiner Asche gleich

Los
Ruf jemanden an – du dummer Mann
Es geht durch mit dir
Du gefährliches Tier – ich sag's dir
Wenn du mir
Oder sonst jemandem den ich kenn dumm kommst
Wirst zertrampelt

Schokay
Frau Trüffelrüssel
Sprung in der Schüssel

Und nenn sie ned Elefant
Du grantiger Garant für Unfrieden hienieden
Blindgänger Granate – Stein im Stiefel

Ich zieh dich an den Zöpfen
Hau ab deine Schlangenköpfe
Frau Meduse – werte Muse kleine Heulsuse

Herrschsüchtiger Dringling
Fingerringelnder Stürmer und Dränger
Quengler – Würmling
Wenn du noch einen Satz schrei(b)st
Wirst du verbannt
Von Tisch und Bett
Und das is noch nett
Los – lass los

Niemals

Süsshölzerner Stolz
Du Bonze aus Holz – Bolzen im Groll
Hast es so gewollt
Dir werd ich

Nein – wirst du nicht

Doch

Nein

Jetzt hör auf zu klönen
Ich mach ja drei Kreuze
Also schön – du Mann
Fläz di lang
Mir wird ja noch bang
Von deinem Gefutter
Als wär ich Freier – und du die Nutte

Ja und
Frau Mutter – lockere Schraube im Hirn
Taube auf m Dach – gerissener Zwirn
Dass i ned lach
Dich leg ich noch flach heut

Die Sterne ich dir gewogen deut
Warum schreibst du auch solch dumme Sachen
Bis i ausser mir noch lache

Und jetzt

Besser – Mit deinem Dreck am Stecken

Alles voller Flecken –

Los mach dich weg

Schluss und aus den Deckel gleich noch obendrauf

Niemals!

Du Brunzkachel

Seichte Amsel

Bei rot über die Ampel

Du Hampelmann

Simpler Gimpel – würmelnder Lurch

Du sürmelnder Wurm

Oh Frölein im Turm

Bei dir läut ich die Zeichen auf Sturm

Ja und

Lass ma beschliessen

Ich will schliesslich den Abend noch geniessen

Giesskanne – volle Bettpfanne

Weihnachtstanne

Auf ein letztes Tänzchen – du zuckendes Schwänzchen
Los! Eine letzte Ölung
Wir brauchen ne Lösung
Während du mir nölend klönest
Nur Undank in die Zeit mir löhnest

Du Schlieren in der angerührten unberührten Ölfarbe
Unnütze Muse – meines Herzens Narbe
Derwegen ich darbe ganz ohne Habe
Dafür mit Bier und Honigwabe

Huschhusch ins Körbchen
Du stilles Örtchen
Und jetzt drück ab
Den GeschwisterKuss
Tuschel ich dir den letzten Schluss
Des Irrsinns Wust – und lösch das Licht
Und jetzt tritt ab und Schnitt – du Wicht

Courtney & Kurt

(für Frances B.)

pechschwarze Nacht
– bleckende Zähne –
sie lacht
in dir die lähmende Ohnmacht
in Ewigkeit gedacht

dir auf ewig verborgen
dich geborgen
aus dem Meer der Zeit
soweit um dich der Raum geboren
in Wehen schreit
bin ich bereit
mit dir zu gehen in die bitterkalte Nacht

und so meinem Gemächt
– dem Vermächtnis
uralter Zeiten – ich dir folge
dich
verfolgend

in Sorge
um Gestern
auch wenn es schon Morgen

ich es dir besorge
ein Wolf
dem Schaum um die
Lefzen schäumt
der noch einmal einen uralten
Traum mit dir träumt

und als ich in dichten nichtigen
nebelfernen Tagen erwacht
bleibt nur der Schimmer
ein Hauch einer boshaften
Botschaft

während ich
verspreche
dich nicht
zu begehren
in Ehren zum Trotz dich zu halten

zu walten
umzuschalten
mich aufzusplitten
abzuspalten

das Nichts
im Licht
sich teilt
in endlose Finsternis
die du bist
und doch niemals
sein wirst

sehe ich gebannt
den Sekunden beim Sterben zu
während du entblösst
erlöst dich bettest zur Ruh

und das Licht
das du am Horizont erahnst
dich trifft
durch die Schatten bricht
seinen Weg sich bahnt
und dir Unendlichkeit verspricht

wie es dich ermattet
zurücksinken lässt
zuletzt – im Innersten zerfleischt
verletzt
aus deinen Umhang aus Nacht dich schälst
während dich quält
ein traumloses Kind

in den Wind sich beugend
über die Zeiten dich dehnend
und einen letzten Hauch in einem Atemzug dir seufzend
eine einzige
Botschaft flüsternd

während
du dich auflöst
entblösst
jeden Seins
und bar jeder Entschuldigung
die mich nun
erlöst
auf ewig

während

um uns eine einzig Wahrheit

sich knüpft

schier verrückt

von zuckenden Leibern entzückt

uns die Zukunft ereilt

die wir niemals sein

werden können

und trotzdem uns gönnen

ihr frönen

in der Nacht

einer pechschwarzen Ohnmacht

Nachtgedanken

Der Augenschimmer der verwesten Welt
fällt als ein Silberspiel vom Himmel
gefrorenes Blut mit Asche bedeckt

ungescholten der Bösen Spiel

– den Schein im Sein missbrauchend
im Reste einer noch glimmenden Glut –

verliert sich der Raum des Streites im Trüben
wo der Augen Licht erlischt

dreht sich der Spiegel der Welt ins Gute
wenn man vergisst wer man ist